Inhalt

Stresstest - ein probates Mittel zur Beurteilung des Risiko-Managements?

Kernthesen

Beitrag

Fallbeispiele

Weiterführende Literatur

Impressum

Stresstest - ein probates Mittel zur Beurteilung des Risiko-Managements?

G.Dengl

Kernthesen

- Stresstests sollen prüfen, inwiefern Banken und Versicherungen gegen externe Schocks gewappnet sind. Dabei fallen vor allem die Testergebnisse der Versicherungen überraschend schlecht aus.
- Obwohl die Stresstests als reine Frühwarnmechanismen eingesetzt werden, kommt es in der Öffentlichkeit immer wieder zu Missverständnissen. Verbände und Aufsichtsbehörden bemühen sich das

Bild zu korrigieren und warnen vor Panikmache.
- Die Verlässlichkeit von Stresstests wird verschiedentlich kritisiert. Hauptangriffspunkt: Bereits bestehende Risiko-Management-Maßnahmen in den Unternehmen werden im Test nicht berücksichtigt. Daher fallen auch offensichtlich gut abgesicherte Unternehmen beim Stresstest durch.

Beitrag

Das natürliche Erlahmen der Konjunktur, das ohnehin schon für Zurückhaltung bei Investitionen sorgt, wird zusätzlich verstärkt von einem Klima des Misstrauens. Zu viele Unternehmenspleiten und Bilanzskandale lassen Investoren vorsichtiger werden. Unternehmen, die seit Jahren und Jahrzehnten nur erstklassige Ratings aufwiesen, werden zurückgestuft. Hohe Abschreibungen auf Unternehmenswerte stehen an der Tagesordnung.

Nach den Kleingewerbetreibenden und der verarbeitenden Industrie ist nun auch die Kreditwirtschaft betroffen. Gerade sie galt in Deutschland lange Zeit als unerschütterlich. Doch die Ereignisse der letzten Monate lassen aufhorchen:

hohe Abschreibungen bei der Deutschen Bank, eine geplante Kapitalaufnahme bei der Allianz - zwei Beispiele für die aktuell sehr angespannte Lage auch in grundsoliden Unternehmen.

Der Ruf nach einem funktionierenden Risiko-Management wird immer lauter. Hätte man drohende Gefahren früher erkennen und abwenden können? Gibt es derzeit ein systematisches Risiko-Management, und wenn ja, wie gut funktioniert es? Um das herauszufinden wurden sowohl bei Banken wie auch Versicherungen in der ersten Jahreshälfte 2003 Stresstests auf Basis der Jahresabschlüsse von 2002 durchgeführt. Stresstests sind Simulationsrechnungen, die Szenarien durchspielen, die auf Unternehmen einer bestimmten Branche belastende Auswirkungen haben.

Die Stresstests setzen jeweils dort an, wo die Unternehmen am empfindlichsten sind. Bei Banken besteht das größte Risiko in der Regel im Zahlungsausfall der Schuldner, also im Kreditrisiko. Bei Lebensversicherungen besteht die Hauptgefahr dagegen in schlechten Kapitalanlagen. Obwohl beide Branchen derzeit stark in Mitleidenschaft gezogen werden, haben sich die Banken größtenteils gut geschlagen, während die Ergebnisse der Stresstests bei den Versicherungen Anlass zur Sorge geben. (16)

Laut einer etwas umstrittenen Studie der Rating-Agentur FitchRatings haben die deutschen Versicherer derzeit stille Lasten in Höhe von 45 bis 50 Milliarden Euro (vergangenes Jahr: ca. 2,5 Milliarden Euro) in den Bilanzen schlummern. (18) Diese stillen Lasten resultieren hauptsächlich aus den Wertpapieranlagen. Im Jahr 2002 konnte beim Ansatz der Wertpapiere in der Bilanz erstmals von einem Wahlrecht Gebrauch gemacht werden, welches erlaubte, Abschreibungen zu unterlassen, wenn die Wertminderung als voraussichtlich nicht dauerhaft angesehen werden konnte. (17) Nachdem sich die Wertminderungen nun aber als dauerhaft herausgestellt haben, rechnet man in Fachkreisen mit massiven Abschreibungen für 2003. (19) Die Rating-Agentur hat deshalb bereits Anfang März darauf hingewiesen, dass ca. zwei Drittel der deutschen Lebensversicherer den Stress-Test des BaFin evtl. nicht bestehen werden.

Was ist ein Stresstest?

Stresstests sind als Frühwarnsysteme zu verstehen, die den Aufsichtsbehörden sowie den getesteten Unternehmen gleichermaßen anzeigen sollen, wie sehr diese durch eine zwar mögliche, aber keineswegs sichere, krisenhafte Veränderung im Marktumfeld erschüttert würden. Dazu werden je nach Branche unterschiedliche Szenarien auf die Bilanz des vergangenen Jahres angewendet und ermittelt, wie die Bilanz des Folgejahres aussähe, wenn die verheerenden externen Entwicklungen tatsächlich eingetreten wären. Könnte das Unternehmen noch allen Zahlungsverpflichtungen nachkommen? Könnten Anteilseigner, Kunden, etc. weiterhin befriedigt werden?

Bei den Banken besteht das höchste Risiko nicht in Zins- und Kursschwankungen sondern im Ausfall der Kredite. Bei Versicherungen ist tendenziell die Kapitalanlage besonders anfällig. Der gerade absolvierte Test beschreibt beispielsweise ein Szenario mit einem Kursrückgang bei Aktien von 35 % und bei festverzinslichen Wertpapieren um 10 % in der härteren Variante A, sowie Rückgänge um 20 % bzw. 5 % in der weicheren Variante B. (1)

Sollte ein Unternehmen einen solchen Stresstest nicht bestehen, so hat es der Aufsichtbehörde anzuzeigen, welche Maßnahmen es zur Steigerung der Risikotragfähigkeit ergreifen wird. Ein Nichtbestehen lässt aber keinesfalls den Rückschluss zu, dass sich ein Unternehmen aktuell in Gefahr befindet. Bei Nichtbestehen muss das Management des Versicherers die Risikotragfähigkeit der eigenen Bilanz wiederherstellen, zum Beispiel durch eine

Kapitalerhöhung. (19)

Wer veranstaltet Stresstests?

Aufsichtsbehörden geben die Regeln vor. Die einzelnen Unternehmen führen die Stresstests im eigenen Haus und auf eigene Kosten durch und melden das Ergebnis zurück an die Aufsichtbehörden. Die Stresstests für die Banken wurden im Rahmen des Financial Sector Assessment Programs (FSAP) des Internationalen Währungsfonds (IWF) durchgeführt. Dieser Test wurde vom IWF nach den Wirtschaftskrisen in Asien und Russland beschlossen. Bisher haben bereits 60 Länder freiwillig daran teilgenommen. Das Zusammentreffen der schlechten Bilanzen mit der Durchführung der Stresstests ist eher zufällig, zeigt aber umso deutlicher die Schwäche des deutschen Finanzsektors. Die Oberaufsicht für die Durchführung hatte die deutsche Bundesbank. An dem Test nahmen 50 deutsche Banken, Sparkassen und Genossenschaftsbanken teil. (12), (4)

Die Stresstests für die Versicherungen wurden von der Bundesanstalt für Finanzdienstleistungsaufsicht (BaFin; http://www.bafin.de) koordiniert. An dem Test nahmen alle 105 deutschen

Versicherungsunternehmen teil.

Veröffentlicht werden die Ergebnisse nicht automatisch. Mit Recht sieht allerdings der Gesamtverband der deutschen Versicherungswirtschaft (GDV) die Gefahr, dass ein gutes Testergebnis zu Werbezwecken benutzt werden könnte. Dies ist aber ganz und gar nicht im Sinn der Aufsichtsbehörde, da durch die Veröffentlichung befürchtet wird, Privatkunden könnten dem Test eine zu hohe Bedeutung beimessen, und sich deshalb irreführen lassen. (4), (6)

Kein Automatismus bei Nichtbestehen des Stresstests

Das BaFin betont immer wieder, dass bei der Durchführung des Stresstest die Frühwarnfunktion im Vordergrund steht. Außerdem gebe es nach einem nicht bestanden Test für die Unternehmen immer die Möglichkeit das Ergebnis zu erklären bzw. zu kommentieren. Erst wenn die Aufsichtsbehörde danach immer noch nicht überzeugt ist, müsse ein Unternehmen nach Möglichkeiten suchen, die Risikotragfähigkeit der Bilanz zu verbessern. Dies könnte beispielsweise durch eine Kapitalerhöhung geschehen.

Ein automatisches Einschreiten der Aufsichtsbehörde ist damit völlig außer Betracht. Was bleibt ist allerdings der Image-Schaden für das Unternehmen. (15), (3), (10), (17), (1)

Fallbeispiele

1) Regionalversicherer
Regionalversicherer bestehen dank einer niedrigen Aktienquote. Sowohl die Provinzial Rheinland wie auch die Württembergische Lebensversicherung haben den Stresstest souverän bestanden. Der Grund: Eine untypisch niedrige Aktienquote. (14), (2)

2) Victoria Leben besteht Stresstest nicht
Großes Aufsehen in der Presse erregte das Nichtbestehens der Victoria Leben. Die zur Ergo-Versicherungsgruppe (Hauptanteilseigner: Münchener Rück) gehörende Versicherung ist grundsolide aufgestellt, bestens im Markt positioniert und hat kapitalstarke Konzerne im Rücken. Kein Grund zur Sorge also, aber der Stresstest wurde dennoch nicht bestanden. Der Grund, wie so oft: eine zu hohe Aktienquote. (20), (21), (7), (22)

3) Abgesichert und trotzdem durchgefallen: Gothaer Lebensversicherung

Wie man trotz vorhandenen Risikomanagements bei Test schlecht abschneidet macht die Gothaer Versicherung vor. Sie verfügt zwar über hohe Aktienbestände, hat diese aber über Hedging abgesichert - genauso wie es sich die Aufsichtbehörde im Idealfall vorstellt. Dennoch schneidet die Gothaer beim Stresstest bescheiden ab, weil er nämlich solche und ähnliche Vorsichtsmaßnahmen nicht berücksichtigt. Die Branche befürchtet zu Recht, dass es durch die undifferenzierte Kommunikation der Stresstest-Ergebnisse deshalb zu Wahrnehmungsverzerrungen bei den Kunden kommen könnte. (9), (13)

Weiterführende Literatur

(1) Abschreibungen: Risiko unterschätzt?
aus Versicherungswirtschaft, 15.4.2003, 58.Jg., Nr. 08, S. 614

(2) Absicherung bei WürttLeben greift Aktienbestand rechtzeitig reduziert - Stresstests bestanden - Dividende wird von 80 auf 55 Cent gesenkt
aus Börsen-Zeitung, 03.04.2003, Nummer 65, Seite 19

(3) BaFin äußert sich zu Stresstest
aus Börsen-Zeitung, 12.04.2003, Nummer 72, Seite 17

(4) Deutsche Banken im Stresstest / Nach schlechtestem Jahr nimmt IWF die Branche unter die Lupe, Süddeutsche Zeitung, 12.02.2003, Ausgabe Deutschland, S. 25
aus Börsen-Zeitung, 12.04.2003, Nummer 72, Seite 17

(5) Lebensversicherer auf dem Prüfstand
aus Frankfurter Allgemeine Zeitung, 15.04.2003, Nr. 89, S. 13

(6) Stresstest wird zur Konkurrenzwaffe der Versicherer Umstrittene Prüfung von der Assekuranz selbst entwickelt
aus FTD Financial Times Deutschland vom 14.04.2003, Seite 20

(7) Victoria Leben hält "Stresstest" nicht stand Münchener-Rück-Tochter scheitert bei Prüfung durch Finanzaufsicht BaFin " Stille Lasten von 1,5 Mrd. Euro belasten
aus FTD Financial Times Deutschland vom 03.04.2003, Seite 20

(8) Im Crash-Test, FOCUS-MONEY, 16.04.2003, Ausgabe 17, S. 020-021
aus FTD Financial Times Deutschland vom 03.04.2003, Seite 20

(9) Manch großer Lebensversicherer ist ziemlich gestresst Portfolio-Maßnahmen müssen mit der Aufsicht besprochen werden - Gothaer ist über die Konstruktion des BaFin-Tests nicht glücklich

aus Börsen-Zeitung, 11.04.2003, Nummer 71, Seite 17

(10) Lebensversicherungen Einige fallen bei Stresstest durch
aus Frankfurter Rundschau v. 12.04.2003, S.19, Ausgabe: R Region

(11) Schmalenbach-Chef rügt Assekuranz Forum-Präsident Clemens Börsig sieht Zukunft des Risikomanagements im Hedging
aus FTD Financial Times Deutschland vom 16.04.2003, Seite 18

(12) Deutsche Banken halten Stresstest stand IWF prüft Stabilität des Finanzsektors " Bundesbankvorstand Meister kritisiert Rating-Agenturen
aus FTD Financial Times Deutschland vom 12.02.2003, Seite 17

(13) Nicht alle großen Lebensversicherer bestehen den Stresstest der BaFin Unter den ersten 15 Gesellschaften fallen mindestens drei durch - Transparenz ist bei manchen mangelhaft
aus Börsen-Zeitung, 11.04.2003, Nummer 71, Seite 1

(14) Provinzial Rheinland hat keine Mühe mit Stresstest Stille Last von 50 Mill. Euro aus Steuergründen - Angebot für Feuersozietät Berlin
aus Börsen-Zeitung, 13.03.2003, Nummer 50, Seite 19

(15) Reitz, U., Aussteigen oder Nerven behalten?, Welt

am Sonntag, Jg. 55, 16.03.2003, Nr. 11, S. 37
aus Börsen-Zeitung, 13.03.2003, Nummer 50, Seite 19

(16) Reitz, U., Stresstest für Anleger, Welt am Sonntag, Jg. 55, 06.04.2003, Nr. 14, S. 39
aus Börsen-Zeitung, 13.03.2003, Nummer 50, Seite 19

(17) Stichwort: Stresstest, Wiesbadener Tagblatt, 05.04.2003
aus Börsen-Zeitung, 13.03.2003, Nummer 50, Seite 19

(18) Stresstest nach R 30/2002, Der Spiegel, 10.03.2003, Nr. 11, Seite 91
aus B&ouml;rsen-Zeitung, 13.03.2003, Nummer 50, Seite 19

(19) "Versicherer müssen Milliardenbeträge abschreiben"
aus Frankfurter Allgemeine Zeitung, 08.03.2003, Nr. 57, S. 19

(20) Victoria besteht Stresstest nicht
aus Börsen-Zeitung, 03.04.2003, Nummer 65, Seite 1

(21) Victoria Leben schleppt gewaltige stille Last Ergo-Tochter besteht Stresstest der BaFin nicht - Wachstum über dem Marktdurchschnitt
aus Börsen-Zeitung, 03.04.2003, Nummer 65, Seite 17

(22) Victoria versagt bei Finanz-Stresstest, Spiegel Online, 03.04.2003

aus Börsen-Zeitung, 03.04.2003, Nummer 65, Seite 17

Impressum

Stresstest - ein probates Mittel zur Beurteilung des Risiko-Managements?

Bibliografische Information der deutschen Nationalbibliothek

Die Deutsche Nationalbibliothek verzeichnet diese Publikation in der deutschen Nationalbibliografie; detaillierte bibliografische Daten sind im Internet über http://dnb.d-nb.de abrufbar.

ISBN: 978-3-7379-1151-1

© 2015 GBI-Genios Deutsche Wirtschaftsdatenbank GmbH, Freischützstraße 96, 81927 München, www.genios.de

Alle Rechte vorbehalten. Dieses Werk ist einschließlich aller seiner Teile – z.B. Texte, Tabellen und Grafiken - urheberrechtlich geschützt. Jede Verwertung außerhalb der Grenzen des Urheberrechtsgesetzes bedarf der vorherigen Zustimmung des Verlags. Dies gilt insbesondere auch für auszugsweise Nachdrucke, fotomechanische

Vervielfältigungen (Fotokopie/Mikroskopie), Übersetzungen, Auswertungen durch Datenbanken oder ähnliche Einrichtungen und die Einspeicherung und Verarbeitung in elektronischen Systemen.